VILLE DE BAR-LE-DUC

COMMISSION TECHNIQUE ET MÉDICALE DES EAUX

AMÉLIORATION DE LA SOURCE DE FAINS

RAPPORTS ET CONCLUSIONS

de la Commission

1900

VILLE DE BAR-LE-DUC

COMMISSION TECHNIQUE ET MÉDICALE
DES EAUX

AMÉLIORATION DE LA SOURCE DE FAINS

RAPPORTS ET CONCLUSIONS

de la Commission

1900

Pour répondre aux desiderata exprimés depuis plusieurs années, au nom de l'opinion publique, par le Conseil départemental d'hygiène et de salubrité publique, par les corps médicaux civil et militaire, et par le Conseil municipal, M. le Maire de Bar-le-Duc a institué une Commission technique et médicale des Eaux de Fains, à l'effet de rechercher quelles pouvaient être les causes de contamination de ces eaux.

Les eaux captées à Fains et acquises par la ville de Bar-le-Duc pour l'alimentation publique peuvent contenir, à certains moments et sous des influences passagères, des germes épidémiques. Il était essentiel, dès lors, de connaître exactement et scientifiquement le régime de ces eaux, leurs qualités constitutives comme aussi leurs dangers latents.

C'est à cette œuvre, que M. Pernet, maire, a convié les personnes dénommées ci-après, qui ont bien voulu répondre à son appel avec un dévouement et une bonne volonté qu'il convient de constater.

COMMISSION TECHNIQUE ET MÉDICALE

DES EAUX DE FAINS

MM. PERNET, Maire, *Président*.
    BALA, ancien Pharmacien, ancien Maire de Bar.
    COLLIN, Ingénieur des Arts et Manufactures, Adjoint au Maire.
    DEMOGET, Architecte.
    Dr FICATIER, Médecin des Épidémies, *Secrétaire*.
    KUSS, Ingénieur en chef des Ponts et Chaussées.
    MERCERON, Ingénieur des Arts et Manufactures.
    VIARD, Industriel.

COMMISSION TECHNIQUE ET MÉDICALE

DES EAUX DE FAINS

Séance du 9 août 1900.

PROCÈS-VERBAL, RAPPORT ET CONCLUSIONS

Étaient présents : MM. Pernet, maire ; Bala ; Ch. Collin ; Ficatier ; Kuss ; Merceron et Viard.
Absent : M. Demoget.
M. Ficatier fait fonctions de secrétaire.

Le procès-verbal de la dernière séance est lu et adopté.

La délégation présente le compte-rendu des expériences faites le 25 juillet dernier dans la grotte de Combles. Il résulte de cette visite qu'il n'y a aucun parti à tirer de ces grottes pour l'amélioration de la distribution d'eaux potables dans la ville de Bar-le-Duc, ni rien à craindre d'elles au point de vue de leur contamination, car elles ne contiennent ni lac, ni ruisseau souterrain. Ainsi s'évanouit une légende.

L'inventaire des sources du bassin de l'Ornain entre Gondrecourt et Bar-le-Duc est déposé par M. Kuss ; ce travail détaillé a été dressé par le service des Ponts et Chaussées : il est à désirer qu'il soit publié in-extenso.

Si l'on voulait abandonner la source de Fains le problème consisterait à trouver une autre source assez puissante pour donner, pendant les plus basses eaux, 30 litres à la seconde au minimum ; une source moins importante ne pourrait servir à l'alimentation de la ville, car il est indispensable d'attribuer à la population au moins 125 litres par jour et par habitant. En fait, avec la source de Fains, qui débite dans les années les plus sèches 45 litres à la seconde (sur lesquels 5 sont attribués à l'asile d'aliénés), la Ville dispose, déduction faite du volume d'eau réservé au village de Fains, de 2 448 mètres cubes par jour, soit 136 litres par habitant.

Sur les 38 sources, quelque peu dignes d'attention de la rive gauche, une seule, la source du Vaucheron serait à même de fournir le volume nécessaire. A l'étiage, elle donne en effet 200 litres ; en temps ordinaire 300 litres. Mais, d'abord, elle est à Gondrecourt, c'est-à-dire à 44 kilomètres d'ici, ensuite tout le volume d'eau est utilisé par les usines de l'Ornain. Il faudrait donc non seulement acheter cette source (ce qui ne serait peut-être pas facile) mais encore indemniser les usines dépossédées d'une partie de leur force motrice, sans parler des frais énormes d'une canalisation de 44 kilomètres, plus d'un million de francs ! on a d'ailleurs des doutes sérieux sur la pureté de cette eau qui n'a pu être encore analysée. Mais cela est-il bien nécessaire ? Tout autour il y a des villages, donc des dangers certains de pollution. Il y a tout lieu également de croire (et ce serait très vraisemblablement démontré par une expérience à la fluorescéine) que le Vaucheron n'est autre chose qu'une réapparition de la Maldite. D'ailleurs, avant de se décider à capter la source, il serait indispensable de posséder des analyses nombreuses de cette eau et, pendant plus d'une année, il faudrait rechercher attentivement toutes les causes de contamination possible dans le voisinage. Dans nos contrées, en raison même de la constitution géologique du sol, cela est de toute nécessité. Si donc on adoptait l'idée (plutôt théorique que pratique) de dériver le Vaucheron, nous ne serions pas près d'aboutir. Il y a mieux à faire dans l'intérêt de la ville de Bar.

Dans la banlieue même, toujours sur la rive gauche de l'Ornain, nous ne trouvons rien encore. La source de **Velaines** donne 10 litres à l'étiage ; 9 sont pris par la commune. A **Tronville** le Brabant donne 9 litres en basses eaux, la commune ainsi qu'une usine en prennent une partie. Le reste ne nous suffirait pas. A Guerpont, il y a 4 litres 1/2 à l'étiage; rien à faire par conséquent. A Tannois, 8 litres 1/2 (nous parlons toujours des basses-eaux). Ils sont en partie utilisés par le moulin et les lavoirs, ensuite la commune va faire une captation pour l'alimentation du village. Rien encore pour nous désaltérer. Et quant à la fontaine d'Etu à **Savonnières** que donne-t-elle? à l'étiage 4 litres 1/2; en débit ordinaire 25 litres. En basses eaux tout est pris ; en débit ordinaire un lavoir et un abreuvoir absorbent 10 litres ; le trop plein sert aux irrigations. On avait maintes fois proposé d'acheter cette source et de la distribuer aux casernes : on le voit, c'est matériellement impossible.

Sur la rive droite, c'est encore à **Gondrecourt** qu'il serait nécessaire d'aller rechercher la source de Poron-Fontaine et les sources environnantes ; 30 litres à l'étiage, 150 litres en débit ordinaire. Mais à quelle distance de Bar ! Ces sources alimentent l'Ornain pendant les grandes sécheresses ; que de réclamations, que de procès si nous venions à priver tous les riverains immédiats du mince filet d'eau qui persiste dans la saison chaude ! A part cette source, nous ne trouvons rien d'utilisable. Ni à **Willeroncourt**, **Salmagne**, **Tronville**, **Loisey**, **Géry**, **Culey**, **Resson**, nulle part enfin aux portes de Bar il n'existe de source suffisante à notre consommation. La fontaine de **Popey** donne 4 litres à l'étiage, 10 litres en débit ordinaire; elle sert aux irrigations. Seule la source de Fains qui, après plusieurs mois de sécheresse, donne encore 45 litres à la seconde et qui, en hiver débite plus de 500 litres répond à toutes les conditions voulues pour l'alimentation d'une ville de 18 000 habitants. Par voie d'exclusion, on est ainsi conduit à affirmer que la seule solution possible, pratique, la seule solution qui terminera heureusement toutes nos difficultés c'est de conserver ce qui est.... mais en l'améliorant largement.

Si la source de Fains a été jadis captée, c'est parce que l'on n'a rien trouvé de mieux et cependant ce n'est pas faute d'avoir cherché partout. En effet, lorsqu'on eut enfin compris que les habitants de Bar ne devaient pas boire l'eau des puits contaminés par les puisards et les fosses d'aisances, on s'est mis à l'œuvre et l'on a fait, de tous côtés, des recherches. C'est ainsi qu'en 1865 on veut, pour la Ville-Basse, capter la fontaine de Parlemaille, mais celle-ci ne donne que 5 l. 1/2 à la seconde. Pour la Ville-Haute, on songe à la fontaine Bourrot, mais elle ne donne que 0 lit. 50 à l'étiage. En 1866, on se décide à forer un puits artésien au bout de la Rochelle, on creuse pendant 2 ans, on va jusqu'à 350 mètres ; pas d'eau ; coût 62 000 francs ! En 1874, on fait une tranchée dans la vallée de Naives ; rien encore. En 1879, on a l'idée de prendre l'eau de l'Ornain à Savonnières, après filtration sur les graviers ; on réussit à grand peine à obtenir 6 à 7 litres à la seconde. C'est alors qu'on est amené à capter la source de Fains. Toute cette étude rétrospective a été faite par l'un de nos collègues, M. Kuss, et cet intéressant travail sera publié in extenso comme complément de ce rapport.

Est-il possible maintenant, comme nous l'avons entendu proposer, d'aller faire des sondages dans le Haut Juré ou sur le plateau de Combles, en amont de ce village, pour y rechercher la nappe d'eau souterraine, la capter (si on la trouve !) et l'envoyer ici ? n'est-ce donc pas assez des 62 000 francs qui sont enfouis dans le trou de la Rochelle ? et sommes-nous assez riches pour nous payer le luxe de nouvelles recherches faites sans bases scientifiques, pour ainsi dire au petit bonheur ?

Faisant appel à tous ses concitoyens, désireuse de donner une preuve (superflue, nous aimons à le croire) de sa bonne foi comme de sa bonne volonté, la Commission avait ouvert le 19 Février 1900 une enquête qui, dans sa pensée, devait être aussi large que possible. Pas un barrisien n'a demandé à être entendu ; pas un barrisien n'a envoyé de mémoire ni même de simple note. Nous clôturons aujourd'hui cette enquête sans résultat.

L'eau de Fains, la Commission l'a prouvé amplement, ne constitue pas, du moins dans les conditions actuelles, une boisson présentant pour la santé publique toutes les garanties d'une eau réellement potable.

Par l'expérience du 25 Janvier 1900, la Commission a démontré que les eaux résiduaires de Combles, toutes ou presque toutes et de toutes natures, se déversent dans la source de Fains. Le bétoir de la propriété Sainsère est l'égoût collecteur de Combles et, trois heures après qu'elles y sont parvenues, ces eaux impures apparaissent à Fains. L'expérience a été aussi nette, aussi concluante que possible. Certes il y a là une situation intolérable : le projet de la Commission permet d'écarter, pour toujours, cette cause principale de la pollution de notre source.

Par l'expérience du 27 Février suivant, la Commission a démontré que, actuellement du moins, nous n'avions rien à craindre du village de Véel : les eaux de cette commune se dirigent au sud-ouest de notre source.

Par l'expérience du 10 Mars 1900, la Commission a démontré aussi que le bétoir de Véel qui reçoit les eaux superficielles des champs et des terrains marécageux situés au sud du village communique avec la source de Fains. Ce bétoir sera aveuglé.

Par l'expérience du 25 Mai, la Commission a démontré encore que la source de Fains n'est pas une réapparition de l'Orge, comme on l'affirmait sans raison, mais avec ténacité.

Elle a au contraire donné la preuve mathématique que la quantité d'eau tombant annuellement sur le plateau de 80 à 100 kilomètres carrés compris entre l'Ornain et la Saulx, d'une part, les vallées de Véel et de Montplonne, de l'autre. suffit pour alimenter toutes les sources qui en émergent, la vaste forêt du Haut-Juré concourant à maintenir la nappe d'eau souterraine.

Enfin elle a démontré par l'expérience du 25 Juillet 1900 qu'il n'y avait aucun parti à tirer pour l'amélioration de la distribution d'eau potable dans la ville de Bar-le-Duc de ces grottes de Combles, où la tradition, comme les affirmations répétées des visiteurs, voulaient qu'il y eût une véritable rivière souterraine.

Le terrain étant ainsi déblayé, la seule conclusion logique apparaît évidente : pour remédier aux causes de contamination de notre source il n'y a qu'un moyen, un seul, celui que nous avions indiqué dès les premiers jours, c'est le détournement des eaux résiduaires de Combles.

Le service des Ponts et Chaussées a étudié la captation de ces eaux résiduaires et la construction d'une rigole à ciel ouvert destinée à les amener dans la vallée secondaire qui se développe au S.-O. du village de Véel dans la direction de Trémont.

« Le tracé de cette rigole, dit le rapport joint au projet, a
« son origine à l'aval de la mare qui reçoit toutes les eaux du
« village et s'embranche sur la rigole maçonnée qui, actuelle-
« ment, les conduit au bétoir situé dans la propriété Sainsère,
« traverse deux fois le chemin vicinal n° 46 de Combles à
« Véel et va aboutir au fossé qui borde le bois communal des
« Haies de Véel. A partir de ce point, les eaux seront aban-
« données à elles-mêmes : elles se répandront dans la prairie
« et iront après un long parcours à ciel ouvert, qui achèvera
« la combustion des matières organiques ou organisées,
« rejoindre le ruisseau qui coule dans la vallée, en aval de la
« source alimentaire du village de Trémont. »

La profondeur de la rigole sera de $1^m,00$ et sa largeur variera, selon la pente, entre 0,70 et $1^m,00$, ce qui correspond à un débit théorique à pleins bords de $2^{mc}600$ à la seconde ; sa longueur sera de 2 km 312 mètres. Le projet prévoit encore divers travaux secondaires : pavage de la partie aval de la mare de Combles, où croupissent actuellement les eaux du village (travail qui permettra de nettoyer facilement et de diminuer, par suite, l'infection des eaux évacuées) ; création d'un embranchement destiné à recueillir les eaux très peu abondantes qui se déversent dans le bétoir situé près du chemin de Combles à Véel ; comblement de ce bétoir.

La dépense est évaluée à 20.000 francs environ, y compris les acquisitions de terrains ainsi que les indemnités à donner.

Cette dépense est sans doute un peu forte pour les finances

de la ville, mais, fût-elle plus élevée encore, il n'y a pas à tergiverser. Nous demandons donc instamment à la Mairie de Bar-le-Duc de soumettre le projet au Conseil municipal afin qu'on puisse, le plus tôt possible, commencer les formalités d'enquêtes, toujours si longues.

La saison s'avance et ce n'est certainement pas avant le printemps prochain qu'il sera possible de commencer ces indispensables travaux. Que nos concitoyens veuillent bien d'ailleurs patienter encore un peu, car lorsque tous ces travaux seront terminés, lorsque toutes les eaux résiduaires de Combles (eaux ménagères, purin, urines, etc., etc.) ne s'écouleront plus dans notre source, l'eau de Fains ne sera pas, du jour au lendemain l'eau la plus pure de France. Voici pourquoi : les parois des conduits souterrains où circule notre eau sont en effet tapissées d'incrustations de matières organiques accumulées depuis des années. C'est petit à petit que cette souillure disparaîtra, comme elle a mis lentement à s'établir. Les grandes pluies auront un effet bienfaisant en amenant des torrents d'eau qui lessiveront et entraîneront les incrustations nocives et, dans un avenir peu éloigné, l'eau de Fains sera, dans tout son parcours souterrain, préservée de contacts impurs. Telle est la vérité qu'il faut dire et il n'est au pouvoir de personne de faire ni mieux ni plus vite.

En terminant, la Commission tient à réfuter deux objections qui se présenteront sans doute à l'esprit de ceux qui étudient cette affaire avec quelque attention. Voici la première objection :

« Pourquoi ne pas réunir plusieurs des petites sources
« d'amont, à droite et à gauche de l'Ornain, dans la petite
« banlieue de Bar, pour les envoyer ensuite à la Ville? »

D'abord ce serait compliquer pas mal le problème que d'avoir toute une série de canalisations branchées les unes sur les autres et puis la plupart de ces sources sont à une altitude de 237, 225, 214, même de 200 mètres. Or le seuil de la place Saint-Pierre est à 239 mètres et ce n'est pas là, il s'en faut, le point le plus élevé de la ville. Le réservoir de Naga est beaucoup plus haut. Une usine élévatoire serait toujours nécessaire,.... comme à Fains tout simplement.

La deuxième objection est celle-ci : « Que ferez-vous des « eaux résiduaires quand elles arriveront dans le petit vallon « de la Saulx que vous avez choisi ? Ne craignez-vous pas de « contaminer la source de Trémont ? Ne redoutez-vous pas « des réclamations et des procès de la part de la commune « de Trémont ? » On voit que nous ne dissimulons rien et que nous exposons dans toute leur netteté les arguments de nos contradicteurs.

Si nous avons affaire à des propriétaires intelligents, ils seront ravis de l'épandage que nous allons entreprendre et, sans vouloir leur demander de nous payer le limon fertilisateur que nous leur apporterons, au moins avons-nous le droit d'espérer qu'ils comprendront que leurs champs et leurs prés acquerront plus de valeur par l'engrais fécondant qui y sera conduit et, par suite, qu'ils ne feront aucune difficulté pour recevoir les eaux du village de Combles. Est-ce que l'expérience n'a pas déjà été faite à Achères et à Gennevilliers ? Est-ce qu'elle n'est pas concluante ?

Quant à une pollution de la source de Trémont qui fournit d'ailleurs une eau excellente (l'analyse chimique et bactériologique en a été faite en 1894) nous ne la redoutons nullement pour les motifs suivants :

L'eau de Trémont ? mais c'est tout simplement l'eau de Fains.... quand elle sera purifiée. Nous nous expliquons plus clairement.

De la rivière souterraine qui vient sourdre à Fains, par de nombreux orifices (Source Mourot, de Nettancourt, des Éventails, etc.) se détachent **en amont de Combles** deux embranchements importants, l'un à droite, c'est la fontaine Bourrot, l'autre à gauche, c'est le ruisseau de Trémont. Notre source, à nous habitants de Bar, est polluée **après** la traversée de Combles, **en aval de ce village**. Lorsque nous aurons détourné ces eaux résiduaires, si funestes, il n'y aura plus aucune différence entre ces trois sources qui proviennent de la même origine. Si les sources Bourrot et de

Trémont provenaient d'une région **en aval** de Combles, elles auraient été colorées dans toutes nos expériences, ce qui n'a jamais eu lieu. Comment donc serait-il admissible que l'épandage fait au-delà du ruisseau de Trémont puisse contaminer l'eau potable de cette commune (telle qu'elle est actuellement captée)? C'est matériellement impossible. Si donc les habitants de Trémont, mal renseignés, réclament : n'en ayons cure. Ils seront obligés de prouver que nous leur nuisons : cette preuve, nous sommes convaincus qu'ils ne pourront jamais la fournir.

La Commission technique et médicale est arrivée au terme de ses travaux ; elle espère avoir fait une œuvre utile. Abandonner la source de Fains serait une sottise et nous ne sommes pas assez riches pour renoncer aux travaux de nos devanciers. Plus heureux qu'eux-mêmes, ayant en mains des moyens d'investigation et d'analyse qu'ils ne possédaient pas, nous avons la bonne fortune de pouvoir amender ce qu'ils ont commencé. Mais au moins rendons-leur justice : il leur était impossible de faire autrement que de capter la source de Fains puisque, à moins d'aller au loin, très loin, et de dépenser beaucoup d'argent, nous sommes tout autour de Bar assez déshérités au point de vue hydrographique. La source de Fains est une source intarissable ; elle sera bonne plus tard, après tous les travaux que nous proposons, aussi bonne que possible, car où donc est, dans nos terrains calcaires, la source irréprochable? Nous autres, membres de la Commission, nous nous réjouissons de penser que, dans un avenir prochain, grâce aux travaux que nous proposons, nous ne verrons plus jamais ces épidémies de fièvre typhoïde qui, avec raison d'ailleurs, ont éveillé l'attention de tous ceux qui aiment Bar-le-Duc et s'intéressent à l'hygiène de notre ville.

Fait et délibéré par la Commission, les jours, mois et an que dessus.

Le Secrétaire,
Dr FICATIER.

ANNEXES

Séance du 17 Janvier 1900

Etaient présents : MM. Pernet, Maire, Président ; Bala ; Collin ; Demoget ; Ficatier ; Kuss ; Merceron et Viard.

M. Ficatier fait fonctions de secrétaire.

. . . .
. . . .
. . . .

M. Ficatier lit à la Commission, avec l'autorisation de M. le Préfet qui regrette de ne pouvoir assister à la séance, une partie de son rapport annuel sur les épidémies pour 1899, partie qui concerne les eaux de Fains. Il demande que des expériences à la fluorescéine soient entreprises d'urgence afin que l'on puisse savoir si les divers bétoirs du plateau de Combles-Véel communiquent ou non avec la source de Fains. Ce rapport est ainsi conçu :

« Bien qu'il n'y ait pas eu d'épidémie typhique à Bar-le-Duc en 1899, il me semble nécessaire de revenir sur cette question de l'eau potable fournie par notre ville, question que j'ai déjà traitée l'an dernier. A l'heure où j'écris, une épidémie de fièvre typhoïde, presque exclusivement localisée au 94e de ligne, a rappelé l'attention sur les eaux de Fains dont on a tant de fois discuté la pureté, souvent avec des arguments étrangers à toute préoccupation scientifique.

« L'eau de Fains, *quand elle est claire*, a presque toujours été trouvée bonne à l'analyse bactériologique ; lorsqu'elle est *trouble*, à la suite de grandes pluies, il est arrivé plus d'une fois qu'on y a rencontré le coli-bacille, indice d'une souillure d'origine fécale (jamais d'ailleurs le bacille typhique ou bacille d'Eberth) d'où cette conclusion qu'il faut la filtrer au filtre Pasteur ou tout simplement la faire bouillir quand elle est trouble

« J'ai indiqué, dans mon rapport de l'an dernier, la nature calcaire de cet immense plateau d'où vient sourdre la source intarissable de Fains, ses fissures, ses trous, ses entonnoirs, ses bétoirs, son souterrain même. J'ai montré comment les grandes pluies torrentielles, lessivant pour ainsi dire la surface du sol (qui n'a plus le temps de remplir son rôle de filtre naturel), entraînent dans ces diverses cavités toutes les impuretés répandues dans les champs qui sont, à époque fixe, recouverts du fumier nécessaire à la culture et qui, il n'y a pas longtemps encore, ont été souillés par des épandages d'engrais humains non désinfectés !

« L'épandage a été interdit dans une certaine zone : on n'en fait plus, paraît-il, ou presque plus, car, de mon enquête personnelle, il résulte que, au printemps de 1899, on en a fait, au moins une fois, *au-dessus même de la source de Fains*. Outre certaines améliorations indispensables au bassin de captage (filtre plus efficace et bonde de vidange ou bonde de fond) ainsi qu'une meilleure direction des machines élévatoires pendant la période des pluies, j'avais préconisé le boisement de toute une région de ce plateau, dépense sérieuse évidemment, mais cela remédierait en grande partie aux inconvénients que j'ai signalés tout à l'heure.

« Peut-être cependant ne serait-ce là qu'une demi-mesure, car, nous le craignons du moins, les eaux résiduaires de Combles et de Veel (de Combles surtout) doivent, au dire de beaucoup, s'écouler, en la souillant, dans la nappe d'eau qui vient sourdre à Fains. Il importe d'être fixé le plus tôt possible sur ce point. C'est pourquoi, je vous demande instamment, d'ordonner une expérience aussi concluante qu'elle sera peu coûteuse. Elle consisterait à jeter dans les trous de Combles dont on parle tant et dans d'autres failles ou dans divers bétoirs une matière colorante, la fluorescéine par exemple, ou tout autre réactif. Si l'eau s'écoule colorée à la source de Fains, la question sera jugée sans appel. Si non, il y a beaucoup de chance pour que deviennent sans valeur tous les arguments que je vous rapporte impartialement.

Admettons un instant que cette communication soit démontrée : sans aucun doute ce serait là une chose grave et dont les pouvoirs publics devraient se préoccuper immédiatement. A mon humble avis, il conviendrait alors de rechercher s'il ne serait pas possible de recueillir toutes ces eaux résiduaires de Combles et de Véel et de les rejeter au moyen d'un drain ou d'un aqueduc, sur l'autre versant du plateau, loin par conséquent de la source de Fains qui serait ainsi protégée. Dans cette occurrence, la ville de Bar ne saurait reculer devant la dépense. Coûte que coûte, cette dépense s'imposerait, car sans cela il ne resterait plus qu'une solution, celle qui est proposée par plus d'un et notamment par l'autorité médicale militaire : l'abandon de la source de Fains.

« Ce serait là une affaire grave, grosse de conséquences. Eh bien ! je n'hésiterais pas, pour ma part, à réclamer cette mesure radicale, s'il était véritablement et incontestablement démontré qu'on est en présence d'un danger public. L'heure ne viendra pas sans doute d'assumer une pareille responsabilité, mais il faut, sans parti pris, étudier de suite tous les moyens divers qui sont capables d'améliorer une situation désormais intenable à tous les points de vue. »

Les conclusions de ce rapport sont adoptées à l'unanimité.

M. Kuss est chargé de la direction de ces expériences pour lesquelles il offre le concours gracieux de son personnel. Il trace un programme d'études qui est approuvé par tous. Il est convenu que, très prochainement, une première expérience aura lieu au bétoir de la propriété Sainsère, comme étant le plus important, ensuite comme devant être le plus nuisible en cas de contamination avec la source de Fains.

. . . .
. . . .
. . . .

Le Secrétaire,

Dr FICATIER.

COMPTE-RENDU des expériences de coloration à la fluorescéine de la source de FAINS faites les 25-26 Janvier 1900.

Les soussignés, Charles COLLIN, Ingénieur des Arts et Manufactures, Adjoint au Maire de Bar ;

Jules FICATIER, Docteur en Médecine, Médecin des épidémies ;

Charles KUSS, Ingénieur en Chef des Ponts et Chaussées du département de la Meuse,

Membres de la commission technique et médicale des eaux de Bar-le-Duc, chargés par la Ville de rechercher, au moyen d'expériences de coloration par la fluorescéine, s'il existe des communications entre les sources de Fains et les divers bétoirs du plateau de Combles-Véel, le vingt-cinquième jour du mois de Janvier dix-neuf cent à huit heures et demie du matin, se sont rendus au village de Combles.

Le principal bétoir du plateau, qui se trouve dans la propriété Sainsère au voisinage de la cote *264* de la carte d'Etat-Major, avait été choisi pour la première expérience, d'abord comme étant le plus important, ensuite comme devant être le plus nuisible en cas de communication possible avec la source de Fains, puisqu'il reçoit les eaux résiduaires du village de Combles, dont le volume, au moment de l'expérience, était de 10 litres environ par seconde.

Tout ayant été disposé avant l'arrivée de la Commission, en conformité des ordres donnés, 5 (cinq) kilogs de fluorescéine furent lentement jetés dans le bétoir précité, après avoir été soigneusement délayés et dissous dans cinq hectolitres d'eau. Commencé à 8 heures 3/4, le déversement de la fluorescéine finissait à 9 heures 15 minutes. A la fin, deux sacs de balles d'avoine furent aussi jetés dans le gouffre du bétoir.

Les délégués quittèrent alors le village de Combles pour se rendre à Trémont, bassin de la Saulx, où un petit poste de deux observateurs avait été installé, avec ordre de recueillir, au sortir même du bassin de captage, d'heure en heure, et dans des bouteilles munies d'étiquettes où serait inscrite l'heure de la prise des échantillons, de l'eau de source qui alimente cette commune. Arrivés à dix heures à Trémont, ils constatèrent que l'eau était un peu opaline.

Ils se rendirent ensuite à la source de Fains : deux observateurs y étaient également en permanence et la même consigne leur avait été donnée. Le mécanicien de la ville fut invité par eux à téléphoner aussitôt que les observateurs signaleraient une coloration verte des eaux de la source.

Cette coloration verte apparut à 3 heures 15 minutes, soit six heures après le début de l'expérience : avis en fut immédiatement donné à la Mairie de Bar-le-Duc et les délégués, prévenus, se rendirent de nouveau à Fains. L'un d'eux (M. Collin) y était à 4 heures 1/4 et les deux autres à 5 heures. Tous les trois constatèrent à leur arrivée que le ruisseau qui passe devant le bâtiment des machines pour se rendre dans le village charriait une eau verte, d'une coloration des plus vives et des plus éclatantes. Quant à la source de la ville ainsi que toutes les nombreuses petites sources en amont, y compris même la source qui se trouve dans le pré de l'asile, elles présentaient cette même coloration verte des plus nettes, des plus apparentes.

D'après le rapport des deux observateurs, la coloration verte a persisté jusqu'à 8 heures du soir : les prises d'eau furent continuées pendant la nuit jusqu'au 26 à 7 heures du matin.

De balles d'avoine aucune trace.

Les délégués remettent à M. le Maire de Bar comme témoins de l'expérience les 27 bouteilles, soigneusement étiquetées par les observateurs, qui renferment les diverses prises d'eau faites d'heure en heure et même de quart d'heure en quart d'heure entre 3 heures et 4 heures du soir. Elles sont cachetées avec le cachet de l'un d'entre eux.

D'un jaugeage fait dans la journée du 26 Janvier, il résulte que le débit des sources de Fains, qui ont été colorées, était de 412 litres à la seconde.

Les observateurs placés à la source de Trémont, dont le débit à la seconde était de 200 litres, n'ont rien signalé d'anormal pendant la période allant du 25 Janvier à 8 heures du matin au 26 Janvier à 10 heures du matin. Leurs prises d'échantillons, au nombre de 27, sont également remises à M. le Maire de Bar-le-Duc.

En vertu d'instructions données par M. le Préfet, les maires des communes de Savonnières-devant-Bar, — Longeville, — Montplonne, — Bazincourt, — Brillon, — Haironville, — Saudrupt, — Ville-sur-Saulx, — Lisle-en-Rigault, — Trémont, — Beurey, — Couvonges, — Mognéville, — Contrisson, — Neuville-sur-Orne, — Vassincourt, — Mussey, — Varney, — Fains, avaient été invités à examiner si les différentes sources de leurs communes présenteraient, les 25, 26, 27, 28, et 29 Janvier, une coloration quelconque à la suite de ces expériences. Aucune réponse n'est encore parvenue.

CONCLUSIONS. — Des expériences de coloration par la fluorescéine entreprises par la délégation municipale, il résulte qu'il existe incontestablement une communication directe entre le bétoir de la propriété Sainsère à Combles et la source de Fains.

Certifié sincère et véritable.

Bar-le-Duc, le 26 janvier 1900.

Ch. KUSS,   Ch. COLLIN,   Dr FICATIER.

Observation. — Des renseignements fournis le 30 Janvier 1900 par M. Denizot, Maire de Fains, il résulte que la source des Éventails et la fontaine de Nettancourt ont été colorées dans la journée du 25 Janvier, la première à 3 h. et la seconde à 3 h. 1/4 de l'après-midi. La source des Éventails sort au S. W. du village, au pied du camp des Romains; la fontaine de Nettancourt sort dans le village même, un peu en aval de la source de la Ville de Bar-le-Duc.

Aucune coloration n'a été constatée par MM. les Maires des autres communes.

Séance du 27 Janvier 1900, à la Mairie.

Etaient présents :
MM. Pernet, Maire, Président ; Bala ; Ch. Collin ; Démoget ; Ficatier ; Kuss, et Viard.
Excusé : M. Merceron.
M. Ficatier fait fonctions de secrétaire.

M. Kuss, au nom de la délégation composée de MM. Collin, Ficatier et Kuss, rend compte des expériences faites par celle-ci dans la journée du 25 janvier pour déterminer, au moyen de la coloration par la fluorescéine, si les bétoirs du plateau de Combles-Véel, communiquent ou non avec la source de Fains. Il lit le rapport rédigé par ces délégués et dépose ce rapport entre les mains du Maire.

Il résulte de ces premières expériences que le bétoir situé à Combles dans la propriété Sainsère à la cote 264 de la carte d'Etat-Major communique incontestablement avec la source de Fains. Les bouteilles renfermant les différentes prises d'eau faites à la source de Fains d'heure en heure du 25 au matin au lendemain matin 26 sont déposées sur le bureau et soumises à l'examen des Membres de la Commission.

Après discussion, les Membres de la Commission estiment, à l'unanimité, qu'il y a lieu de détourner le plus tôt possible les eaux résiduaires du village de Combles, afin qu'elles ne souillent plus la source de Fains. M. Kuss donne à la Commission un aperçu des difficultés, nullement insurmontables d'ailleurs, que rencontrera cette entreprise, et indique sur la carte le petit vallon du bassin de la Saulx qui, dans une reconnaissance du terrain faite par lui et par M. Ficatier, a paru devoir être choisi comme endroit le plus favorable à cet épandage.

Les résolutions suivantes sont prises à l'unanimité :
1° Les expériences de coloration par la fluorescéine seront

continuées à Véel, à l'endroit situé au-dessous du lavoir où la délégation a constaté une perte des eaux du village ;

2° Un crédit de 2.000 francs au moins sera demandé d'urgence au Conseil municipal pour permettre d'étudier, dès maintenant, un projet de détournement des eaux résiduaires de Combles ;

3° Ces études seront confiées à l'Administration des Ponts et Chaussées, qui sera priée de dresser un devis approximatif de la dépense ;

4° Comme il est nécessaire de sérier les travaux et les dépenses, la Commission estime qu'il faudra exécuter d'abord tous les travaux propres à empêcher la contamination de la source, munir ensuite le bassin de captage d'une bonde de fond, destinée à en faciliter le nettoyage périodique; enfin, améliorer le filtre, de manière à augmenter le plus possible son efficacité.

L'exécution de ce programme, qui améliorera grandement les conditions d'alimentation de la ville de Bar-le-Duc, paraît de nature à donner satisfaction aux intérêts que la Commission a pour mission de sauvegarder. Elle le recommande, en conséquence, à toute la sollicitude de l'Administration municipale.

Le Secrétaire,

Signé : FICATIER.

RÉPUBLIQUE FRANÇAISE.

EXTRAIT DU REGISTRE des délibérations du Conseil Municipal de la Ville de Bar-le-Duc Chef-lieu du Departement de la Meuse.

Séance du 7 Février 1900. où étaient présents :

M. Albert Pernet, Maire, Président ;

MM. Antoine, — Bock, — Collin (Charles), — Facdouel, — Hanesse, - Joulin, — Lombard, — Mangin, — Marlier (Joseph-Célestin), — Martin, — Merceron, — Michel, — Nicolas, — Oudinot, — Pernet, — Prévost, — Verbois et Viard, Conseillers.

M. Facdouel remplit les fonctions de secrétaire.

M. le Maire donne lecture d'un rapport sur la question des eaux servant à l'alimentation publique de la ville de Bar-le-Duc.

Il donne ensuite la parole à ceux des conseillers qui auraient des observations à présenter ou des propositions à faire.

Le Conseil, après avoir délibéré,

Adoptant les propositions de la Commission technique et médicale et les conclusions de M. le Maire,

Vote un crédit de deux mille francs (2.000 fr.) pour permettre d'étudier dès maintenant un projet de détournement des eaux résiduaires de Combles ; décide que ces études seront confiées à l'administration des Ponts et Chaussées qui sera priée de dresser un devis approximatif de la dépense. Conformément à la circulaire ministérielle du 18 septembre 1880, MM. les Ingénieurs chargés des études seront exonérés de la responsabilité pécuniaire et décennale prévue par les articles 1792 et 2270 du Code civil ; les honoraires auxquels ils pourront avoir droit seront réglés d'après les bases fixées au décret du 10 mai 1854.

Il est bien entendu par le Conseil qu'en outre des études spéciales au détournement des eaux résiduaires de Combles, d'autres études plus générales seront entreprises pour connaitre le régime des sources situées en amont de la ville de Bar-le-Duc dans un rayon assez étendu pour englober le Vaucheron près de Gondrecourt signalé par M. Viard.

Fait et délibéré en séance du dit jour, sept février mil neuf cent. — Et ont les membres présents signé.

Signé au registre : A. Pernet, Maire, Président ; Facdouel, Secrétaire, etc., etc.

Pour expédition :
Le Maire,
Signé : A. PERNET.

Séance du 19 Février 1900,

à la Mairie.

Étaient présents : MM. Pernet, Maire; Bala; Collin ; Ficatier ; Kuss et Viard.

Excusés : MM. Demoget et Merceron.

M. Ficatier fait fonctions de Secrétaire.

Le procès-verbal de la dernière séance est lu et adopté.

La Commisssion désireuse d'étudier sous toutes ses faces la question de l'alimentation en eau potable de la Ville de Bar-le-Duc (acceptant volontiers d'ailleurs l'extension de son mandat primitif comme le demande le Conseil Municipal par sa délibération en date du 7 Février dernier) décide qu'il sera fait un relevé de toutes les sources de la vallée, en amont de Bar, rive droite et rive gauche. Un volume d'eau de 2.300 mètres cubes par jour (125 litres par habitant) étant nécessaire pour la consommation de la Ville, on pourra négliger les petites sources, celles par exemple qui débiteraient moins de 1 litre à la seconde (86 m.c. par jour). Le relevé devra indiquer pour chaque source la portion déjà utilisée par la commune ou par les particuliers afin qu'on sache exactement ce qui pourrait être disponible le cas échéant. Ces nouvelles études seront, commes celles qui ont trait au projet de détournement des eaux résiduaires de Combles, confiées à l'Administration des Ponts et Chaussées

Afin de déterminer autant que cela est possible l'origine et la direction de la source de Fains, la Commission décide de faire une nouvelle expérience de coloration par la fluorescéine au bétoir situé dans le bois de Montfromont, territoire de Tannois (3 kilogrammes seulement).

M. Kuss expose à ce sujet que, d'après toutes les probabilités, on peut considérer comme étant le réservoir naturel des sources de Fains et de Trémont et des petites sources secondaires un grand rectangle de terrain de 10 à 11 kilomètres de long sur 8 à 9 de large, soit par conséquent une surface de 80 à 100 kilomètres carrés, comprise entre l'Ornain et la Saulx et les vallons de Véel et de Montplonne.

La hauteur de pluie tombée annuellement étant à Bar de 90 cm. en moyenne, les 4/7 de cette eau s'écoulant à la surface du sol (eau de ruissellement) tandis que seulement les 3/7 (eau de filtration) sont absorbés, enfin l'évaporation enlevant aux sources à peu près 60 % de l'eau de filtration, on est amené à trouver, pour le débit des sources du plateau, de 12 à 15 millions de mètres cubes par an ou de 400 à 500 litres à la seconde, chiffre qui paraît se rapprocher beaucoup des débits moyens des sources de Longeville, Savonnières, Bourrot, Trémont et Fains. Aussi sera-t-il prudent de faire des recherches non seulement à Combles et à Véel, mais encore au dessus de Tannois dans le bois de Montfromont où il y a des gouffres et peut-être aussi du côté de Brillon afin qu'on sache exactement ce que deviennent les eaux. Quant à l'Orge, dont il a été parlé, c'est une expérience qui ne pourrait se faire qu'en été et qui, à priori, paraît bien inutile. En effet, si la source de Fains était une eau de rivière, une perte de l'Ornain ou de l'Orge, les analyses bactériologiques devraient y déceler constamment des germes pathogènes, ce qui n'est pas, puisque quand l'eau de Fains est claire, elle a toujours été trouvée bonne.

Enfin sur la proposition de MM. Ficatier et Kuss la Commission décide d'ouvrir une enquête générale sur l'alimentation en eau potable de la Ville de Bar-le-Duc. A cet effet elle recevra au Secrétariat de la Mairie tous les mémoires qu'on voudra bien lui adresser et en fera une étude détaillée. Pour le bon ordre de cette étude, il serait utile de diviser les mémoires en deux classes :

1°) ceux qui supposeront l'amélioration de la source actuelle ;

2°) ceux qui supposeront son remplacement.

Quant aux personnes qui, sans vouloir remettre de mémoires, auraient cependant des communications à faire à la Commission, elles voudront bien en informer le Maire qui leur indiquera le jour où la Commission les entendra. Il serait à désirer, vu l'urgence, que les mémoires fussent déposés dans le délai d'un mois.

Le Secrétaire,

Signé : J. FICATIER.

COMPTE-RENDU des expériences de coloration à la fluorescéine faites à Véel, les 27, 28 février et 1ᵉʳ mars 1900.

Les soussignés, membres de la Commission technique et médicale des Eaux de Bar-le-Duc, se sont rendus le 27 février à 8 heures 1/2 du matin au village de Véel, afin de déterminer, par des expériences de coloration à la fluorescéine, si les eaux résiduaires de ce village communiquent ou non avec celles des sources de Fains, qui a été captée par la ville de Bar-le-Duc.

Les eaux résiduaires de Véel (eaux ménagères, de purin, de lavage et pluviales) se perdent dans un petit pré situé en dessous du lavoir et de chaque côté de l'ancien chemin de Véel à Couvonges. Ces eaux s'infiltrent dans le sol et, dans un espace très limité, disparaissent presque brusquement. Au dire de certains habitants, il y avait là autrefois un bétoir qui a été comblé. Du reste, le coteau, qui domine ce pré du côté de l'Est, est sillonné de nombreuses dépressions qui ne sont autre chose que d'anciens bétoirs.

Il s'agissait de diriger vers l'une d'elles les eaux qui coulent en dessous du lavoir, de manière à assurer l'absorption et l'entraînement de la fluorescéine, en évitant les déperditions qui se seraient inévitablement produites si on s'était contenté de répandre la matière colorante sur le gazon.

Après d'assez longues recherches, les membres de la Commission ont fait choix d'un emplacement situé à 40 mètres au Nord du lavoir, dans une dépression qui se trouve à droite du chemin précité en sortant de Véel. Ils y établirent un bassin de 3 mètres carrés de superficie, dans lequel ils amenèrent les eaux du village de Véel au moyen d'une rigole de 15 centimètres de largeur ayant son origine au point bas du chemin. Afin de faciliter l'infiltration, le sol du bassin avait été, au préalable, débarrassé des herbes qui le recouvraient et une petite fosse avait été ouverte dans sa partie centrale. Ces préparatifs terminés, les membres de la Commission s'assurèrent que le fond du bassin était réellement perméable, et, après l'avoir bien constaté, ils y déversèrent 5 kilogrammes de fluorescéine, soigneusement délayés dans des baquets apportés à cet effet. Le déversement commencé à 10 heures 50 fut terminé à 11 heures 25 du matin. Un agent resta sur place jusqu'au soir pour la surveillance des travaux qui avaient été entrepris. Le beau temps avait heureusement favorisé cette expérience car, s'il avait plu comme la veille, les recherches préparatoires auraient été plus longues et plus difficiles. Par contre, une pluie abondante survenue dans la soirée a contribué à activer l'absorption de la fluorescéine.

Un jaugeage rapide fait dans la journée du 27 février a montré que le débit de la rigole alimentaire du bassin était d'environ 2 litres 1/2 à la seconde ou de 216 m. c. en 24 heures.

Deux observateurs avaient été placés à Fains et à Trémont avec la consigne de prélever depuis 9 heures du matin des échantillons d'eau. On peut dire de suite pour n'y plus revenir, que l'observateur de Trémont n'a rien remarqué d'anormal.

Quant aux divers observateurs qui se sont succédé jour et nuit à Fains du 27 février au 1er mars à trois heures du soir, et qui ont recueilli soigneusement des échantillons d'eau de la source de la Ville, ils n'ont pas un seul instant remarqué de coloration verte : les bouteilles au nombre de onze renfermant les diverses prises sont remises à M. le Maire de Bar-le-Duc étiquetées et cachetées.

Pendant cette période, le débit du ruisseau de Fains immédiatement à l'aval de la fontaine de Nettancourt (point où a été fait le jaugeage du 26 janvier 1900) était de 525 litres à la seconde.

Par contre, à 4 heures du matin, le 26 février, la coloration verte a été observée à la source des Éventails (appelée aussi source des Nonchalants ou de Nonchalon) qui vient sourdre à l'extrémité S..W. du village, au pied du camp des Romains. Cette coloration verte, très nette lorsqu'elle a été constatée, était encore sensible le 1er mars à 3 heures du soir.

Les membres de la Commission remettent à M. le Maire les 17 échantillons, soigneusement étiquetés et cachetés, qui contiennent les prises faites à cette source du 28 février à 6 heures du matin au 1er mars à 3 heures du soir et ils lui font connaître qu'un jaugeage exécuté dans la journée du 1er mars a permis de constater qu'elle débitait 175 litres à la seconde. Le débit total du ruisseau de Fains à la sortie du village était donc ce jour-là de $525 + 175 = 700$ litres à la seconde.

Les membres de la Commission sont retournés à Fains et à

Véel le 28 février après-midi ; ils ont constaté que l'eau de la source de Fains appartenant à la Ville était limpide, sans aucune coloration ; il en était de même pour toutes les sources du village qui depuis le pré de l'Asile jusqu'au bas de l'Église avaient été colorées lors de la première expérience, le 25 janvier 1900. La source des Éventails qui, **elle aussi avait été colorée le 25 janvier**, présentait dans l'après-midi du 28 février, à 3 heures, une coloration verte très nette. M. l'Ingénieur Denizot, maire de Fains, qui avait bien voulu accompagner les membres de la Commission dans cette inspection des différentes sources du village, constata avec eux ce phénomène très manifeste.

A Véel où l'on avait continué de diriger les eaux du village dans le bassin préparé le 27 au matin, il ne restait plus trace de fluorescéine. Le petit lac d'un vert émeraude au moment de l'expérience était redevenu limpide. L'absorption de la matière colorante s'était complètement effectuée.

Conclusions : Des expériences de coloration entreprises à Véel les 27 et 28 février et 1er mars 1900 par les membres de la délégation municipale, il résulte que les eaux résiduaires du village de Véel ne se déversent pas dans la source de Fains captée par la ville de Bar-le-Duc.

La source des Éventails reçoit à la fois les eaux résiduaires de Véel et une partie de celles de Combles. Il serait bon d'en informer officiellement la municipalité de Fains.

Certifié sincère et véritable.

Bar-le-Duc, le 2 mars 1900.

COLLIN Ch.   Dr FICATIER.   Ch. KUSS.

Séance du 6 mars 1900.

Présents : MM. Pernet, Maire ; Bala ; Collin ; Ficatier ; Kuss et Merceron.

Excusés : MM. Démoget et Viard.

M. Ficatier fait fonctions de Secrétaire.

Le procès-verbal de la dernière séance est lu et adopté.

A ce propos, M. Kuss fait remarquer que, dans les calculs qui y sont relatés, il a fait intervenir le débit moyen des cours d'eau sortant du plateau entre l'Ornain et la Saulx, c'est-à-dire le quotient obtenu en divisant le volume total que ces cours d'eau débitent dans l'année par le nombre de secondes qu'elle contient.

Le débit moyen diffère beaucoup du débit ordinaire, que fournissent habituellement les statistiques, et il importe de ne pas les confondre. Le premier est toujours supérieur au second, parce que le volume des hautes eaux s'écarte beaucoup plus que celui des basses eaux du volume fourni normalement par les sources dans un temps donné. Ainsi, pour les sources qui alimentent le ruisseau de Fains, en amont du lavoir, le débit des hautes eaux est de 525 litres au minimum, le débit ordinaire de 80 à 85 litres et le débit d'étiage de 45 à 50 litres à la seconde. En tenant compte de la durée relative des hautes eaux, des eaux ordinaires et des basses eaux de ce ruisseau, on peut admettre que le débit moyen est sensiblement le double du débit ordinaire et il n'est pas interdit de penser qu'il en est de même pour les autres ruisseaux qui prennent naissance à la base du plateau compris entre l'Ornain et la Saulx et les vallons de Véel et de Montplonne.

Or il résulte de la statistique que le débit ordinaire des sources de Longeville, Savonnières, Bourrot, Fains et Tremont est au total d'environ 225 litres, ce qui correspond au débit moyen de 400 à 500 litres indiqué dans la délibération dont on vient de lire le procès-verbal.

Lecture est ensuite donnée du compte-rendu des expériences des 27 et 28 Février à Véel, au terrain situé en dessous du lavoir.

M. Kuss expose à la Commission l'état des travaux de nivellement entrepris sur le plateau de Combles-Véel et donne un aperçu du projet d'aqueduc qui devra emmener les eaux vannes de Combles.

Il est décidé ensuite qu'une troisième expérience sera entreprise au bétoir de Véel et que des analyses d'eaux claires et d'eaux troubles seront faites aussi souvent que possible.

Le Secrétaire,

Signé : J. FICATIER.

COMPTE-RENDU des expériences de coloration à la fluorescéine entreprises du 10 au 14 Mars 1900 au bétoir de Véel.

Les membres soussignés de la Commission téchnique et médicale se sont rendus le 10 Mars 1900, à 8 heures du matin sur le plateau de Combles-Véel pour procéder à une troisième expérience de coloration par la fluorescéine.

Entre Véel et Combles, à 400 mètres du village de Véel et à 90 mètres à l'ouest du chemin vicinal qui relie ces deux localités non loin de la borne kil. 2, se trouve un bétoir de 5 mètres de profondeur environ qui reçoit l'apport des eaux d'égouttement des champs voisins. Au moment de l'expérience le petit ruisseau qui se déverse dans ce gouffre avait un débit de 8 litres à la minute.

A 8 h. 1/2 du matin, 3 kilogrammes de fluorescéine soigneusement délayée furent déversés dans le bétoir : le déversement dura 1/4 d'heure. Aussitôt après, une chasse d'eau fut opérée au moyen d'une réserve de 400 litres amenée à cet effet.

Comme dans les deux précédentes expériences des observateurs avaient été placés à Tremont et à Fains, avec la consigne de bien observer les sources et de prélever des échantillons de leur eau.

A Tremont, les observateurs qui se sont succédé jour et nuit jusqu'au 12 à 4 heures du soir n'ont rien constaté d'anormal.

Par contre le 12 Mars à 8 heures du matin une coloration verte fut observée à la source de Fains appartenant à la Ville, ainsi qu'à la fontaine de Nettancourt qui en est tout proche. Cette coloration alla en augmentant d'intensité et était très apparente non seulement à la source, mais encore au ruisseau de Fains, lorsque dans l'après-midi, vers 3 heures, les délégués vinrent visiter le cours d'eau. Ce n'était pas sans doute la coloration foncée, vert émeraude, observée le 25 Janvier, mais il y avait à cela deux raisons : la première c'est que la quantité de fluorescéine n'était plus que de 3 kilogrammes au lieu de 5 ; la seconde c'est que au bétoir de Combles il y avait un débit de 10 litres *à la seconde* ; à Véel, un débit de 8 litres *à la minute*, soit de 0,13 à la seconde.

La coloration verte de la source et du ruisseau de Fains a persisté jusqu'au 14 Mars vers 4 heures du soir.

La source des Éventails qui avait été colorée à deux reprises lors des expériences des 25-26 Janvier et des 27-28 Février, et la source du bois Millon qui avait été colorée les 27-28 Février n'ont pas présenté cette fois-ci de coloration.

CONCLUSION. — Des expériences entreprises le 10 Mars 1900 par la délégation municipale, il résulte que le bétoir de Véel communique avec la source de Fains appartenant à la Ville.

NOTA : Les jaugeages effectués le 12 Mars 1900 ont accusé :

Pour le ruisseau de Fains en aval de la fontaine de Nettancourt. . . . . 0^m,294
Pour la source des Éventails . . . . 0^m,067
Pour le ruisseau de Trémont . . . . 0^m,100
de débit à la seconde.

Certifié conforme et véritable,
Bar-le-Duc, le 15 Mars 1900.

    Dr FICATIER,   Ch. KUSS,   Ch. COLLIN.

Séance du 16 Mars 1900.

Étaient présents : MM. PERNET, Maire ; BALA ; COLLIN ; FICATIER et KUSS. Absents : MM. DÉMOGET ; MERCERON et VIARD. M. Ficatier fait fonctions de secrétaire.

Le procès-verbal de la dernière séance est lu et adopté.

Lecture est donnée du compte-rendu des expériences faites le 20 Mars au bétoir de Véel : il est démontré que ce bétoir communique avec la source de Fains.

Après un échange de vues sur les résultats déjà obtenus par les trois premières expériences et sur ce qu'il convient de faire pour arriver au but, la Commission décide qu'une 4e expérience sera faite, si possible, à Combles encore, dans le puits souterrain qui est à l'extrémité de la grotte que la délégation vient de visiter. Puis il y aura à faire, si c'est possible également, une expérience à Montfromont ; enfin à l'Orge, en été, quand la situation du cours d'eau le permettra.

D'autre part, le service des Ponts et Chaussées vient de recevoir du Ministre des Travaux Publics l'autorisation d'étudier le projet de détournement des eaux résiduaires et de dresser l'inventaire des sources en amont de la ville de Bar-le-Duc. Déjà les reconnaissances entreprises sur le plateau de Combles permettent d'envisager la possibilité d'une solution, mais il y a des nivellements détaillés à faire qui devront être poussés le plus activement possible.

Lorsque ces différents travaux seront terminés, et que l'enquête ouverte par la décision du 19 Février 1900 sera close, la Commission aura en mains les documents nécessaires pour pouvoir conclure.

Le Secrétaire,
Signé : Dr FICATIER.

COMPTE-RENDU des expériences faites le 23 mai, à Couvertpuits.

Les soussignés se sont rendus le 23 mai à Couvertpuits pour essayer de déterminer au moyen de la fluorescéine la direction générale du cours souterrain de l'Orge et le lieu de réapparition de cette rivière qui disparait à 2 kilomètres environ en aval de Couvertpuits. Quelques personnes ayant pensé que la source Mourot de Fains n'était autre chose qu'une réapparition de l'Orge, il importait de contrôler, par une expérience, cette opinion.

A cette époque de l'année, le dit Orge étant presque à sec, une retenue d'eau d'environ 5 100 m. c. avait été faite à Couvertpuits. Toutes les dispositions nécessaires à ce sujet avaient été prises la veille par le service des Ponts et Chaussées.

Le 23 mai, à 9 h. 3/4 du matin, 10 kilogs de fluorescéine furent délayés dans l'Orge en dessous du barrage communal de Couvertpuits. Cette opération dura près de 3/4 d'heure ; aussitôt après les vannes du barrage furent progressivement levées et les 5 100 m. c. envoyés à l'Orge. Les vannes restèrent levées jusqu'à 1 heure de l'après-midi, ainsi que cela fut constaté par un agent demeuré sur place.

Le lendemain, 24 mai, une nouvelle chasse fut encore faite pendant environ une 1/2 heure : 500 m. c. furent lancés pour entrainer le reste de la matière colorante.

Dans l'hypothèse que le cours souterrain de l'Orge pourrait aboutir aussi bien dans la vallée de l'Ornain et dans celle de la Marne que dans la vallée de la Saulx, différents observateurs furent postés soit à Saint-Amand, Nantois, Longeaux, Givrauval, Ligny et Velaines (Bassin de l'Ornain) soit à Chevillon, Fontaines-sur-Marne, Cousances-aux-Forges, Sommelonne (Bassin de la Marne). Du 24 au 1er juin, aucune des sources précitées ne fut colorée. Les échantillons recueillis en témoignent nettement.

A la source de Fains, depuis l'expérience du 23 mai, aucune coloration anormale n'a été observée.

Quant aux sources latérales de la Saulx (Source de Nant-le-Petit, de Montplonne, source du Moulinet, du lavoir de Brillon) on n'y a remarqué également aucune coloration anormale pendant cette même période. Les échantillons recueillis sont d'une limpidité parfaite.

Pour la Saulx, il n'en est pas tout à fait de même. La coloration de la rivière a paru changée, dès le lendemain de l'expérience non seulement au conducteur chargé de la surveillance des observateurs, mais aussi à certains riverains qui se sont empressés de signaler le fait. Pour s'en rendre compte les membres de la délégation municipale visitèrent la Saulx le 28 mai depuis Bazincourt jusqu'à Stainville et tout en tenant compte de la différence de teinte qui existe habituellement entre les eaux de l'Ornain et celles de la Saulx, il leur sembla que cette dernière rivière présentait une coloration verte différente de la coloration ordinaire. Pour vérifier leur impression première, ils revinrent le 6 juin et la Saulx leur parut ce jour-là moins verte et surtout plus limpide que précédemment.

Des échantillons d'eau de la Saulx ont été prélevés à différents endroits de son cours, du 24 mai au 1er juin.

Si l'on dispose en 4 groupes séparés tous les échantillons recueillis au cours de ces expériences :

1er groupe : Rivière de la Saulx ;
2e groupe : Sources latérales de la Saulx :
3e groupe : Sources du bassin de l'Ornain ;

4ᵉ groupe : Sources du bassin de la Marne ;
il apparaît de la manière la plus évidente que les groupes 2, 3 et 4 n'offrent aucune coloration. Seul le groupe 1 présente une teinte légèrement verdâtre.

Des faits ci-dessus exposés, il résulte :

1º que l'Orge ne se jette souterrainement ni dans l'Ornain, ni dans la Marne, et qu'il ne réapparait pas à Fains ;

2º que très vraisemblablement, il communique avec la Saulx.

Certifié sincère et véritable.

Bar-le-Duc, le 8 juin 1900.

Signé : KUSS.   Cʜ. COLLIN.   Dʳ FICATIER.

Séance du 20 Juillet 1900.

Étaient présents : MM. Pernet, maire; Bala ; Collin ; Ficatier; Kuss ; Merceron et Viard.

Excusé : M. Démoget.

M. Ficatier fait fonctions de secrétaire.

Le procès-verbal de la dernière séance est lu et adopté.

Le compte-rendu des expériences faites à Couvertpuits est présenté à la Commission qui donne acte de cette communication.

M. Kuss informe la Commission que, dans une quinzaine de jours, son service sera en état de déposer le projet d'adduction des eaux résiduaires de Combles. Quant à l'inventaire des sources en amont de Bar, il est depuis longtemps terminé et sera remis à la Commission en même temps que le projet présenté.

Des expériences de coloration de la nappe d'eau découverte au fond de la grotte de Combles paraissent utiles (sinon indispensables), la Commission décide que, tout d'abord, on recherchera s'il existe là un cours d'eau et non pas seulement un puits. Dans le premier cas, on poursuivrait cette intéressante recherche, dans le second cas on s'abstiendrait. La plus grande prudence est recommandée par la Commission à tous ceux qui doivent se charger de ces travaux préliminaires, car il pourrait y avoir du danger à un certain moment.

Le Secrétaire,
Signé : FICATIER.

COMPTE-RENDU des recherches faites dans les grottes de Combles, le 25 juillet 1900.

Les soussignés, Kuss, Ingénieur en chef des Ponts et Chaussées à Bar-le-Duc, Ficatier, Docteur en médecine, et Ch. Collin, Ingénieur des arts et manufactures, Membres de la Commission technique et médicale des eaux, se sont rendus le 25 juillet 1900, à deux heures et demie après-midi, dans les grottes de Combles afin de rechercher si, comme le croient certaines personnes, elles livrent passage à un cours d'eau souterrain communiquant avec la source de Fains.

MM. Pernet, Maire de Bar-le-Duc, et Ninck, Ingénieur des Ponts et Chaussées, assistaient à la visite.

Découvertes il y a une soixantaine d'années, les grottes de Combles ont leur entrée à 100 mètres environ au nord de la route de Combles à Bar, non loin du cimetière du village. M. Amand Buvignier, qui les a explorées, en fait la description suivante dans sa statistique géologique du département de la Meuse :

« On parvient d'abord dans une chambre de 3 à 4^m de
« hauteur dont les toits et les murs sont couverts de concré-
« tions calcaires. Une galerie tortueuse changeant à chaque
« pas de dimensions, et dirigée à peu près vers l'est, aboutit
« à une chambre dont le toit est en partie éboulé. Cet ébou-
« lement paraît correspondre à une dépression subite de la

« surface du sol. Le mur de la galerie est recouvert d'une
« argile très fine et bien nivelée. Une autre ouverture au
« nord de la salle d'entrée conduit, à quelques pas, dans une
« grande excavation de 18 à 20m de haut, renfermant des
« blocs énormes entassés et bouleversés. Une troisième
« ouverture située vers le sud conduit à la galerie principale.
« Elle est coupée en plusieurs points par des crevasses trans-
« versales, inclinées, dans le fond desquelles séjourne de
« l'eau, ainsi que le prouve le clapottement continuel pro-
« duit par les suintements. Cette galerie se ramifie et conduit
« à diverses chambres semblables à celle qui existe du côté
« du nord. Au-dessous du sol des diverses galeries il y en a
« d'autres plus petites, dans lesquelles on ne peut pénétrer
« qu'en rampant. »

Vers le fond de la galerie sud se trouve un puits de 12m de profondeur dont les parois sont taillées verticalement suivant un carré de près de 2 mètres de côté et c'est au fond de ce puits que doit se trouver le cours d'eau objet des recherches actuelles.

Pour en vérifier l'existence et pouvoir, s'il y a lieu, en apprécier l'importance, deux des soussignés (MM. Kuss et Collin) se sont fait descendre dans le puits au moyen d'une benne supportée par un palan.

Ils ont constaté que le puits était à sec et qu'il n'y avait aucune trace, à proximité, d'un cours souterrain des eaux. Des fissures assez profondes existaient à la base des parois du puits, analogues à celles qui traversent toute la masse calcaire des grottes, mais autant qu'il a été possible d'y voir, elles étaient également dépourvues d'eau, sauf quelques suintements le long des parois.

Il résulte de là que si les évidements importants qui constituent les grottes de Combles livrent passage aux eaux pluviales (ce qu'attestent les dépôts d'argile qui se trouvent sur les murs et sur le sol des galeries et qui parfois même en obstruent la section) il n'existe jusqu'à la profondeur de 25m en contrebas du terrain naturel, atteinte par les recherches, aucune couche susceptible de retenir les eaux à un niveau déterminé.

Il n'y a donc aucun parti à tirer de ces grottes pour l'amélioration de la distribution d'eau de la ville de Bar-le-Duc.

Certifié sincère et véritable.

Bar-le-Duc, le 27 juillet 1900.

KUSS.   Dr FICATIER.   Ch. COLLIN.

NOTE sur l'alimentation en eau potable de la Ville de Bar-le-Duc.

La question de l'alimentation en eau potable de la ville de Bar-le-Duc étant de nouveau discutée, il nous a paru intéressant de rechercher et de résumer la série des études qui ont précédé l'acquisition et l'adduction de la source de Fains, que la Municipalité a réalisées de 1879 à 1883. Tel est l'objet de la présente notice, qui a été rédigée à l'aide de documents officiels extraits des archives municipales et de notes prises par M. Emile Bala, ancien Maire de Bar-le-Duc, qui a bien voulu nous les communiquer.

C'est en Juillet 1855 qu'on s'aperçut, pour la première fois, que les puits, qui de temps immémorial servaient à l'alimentation de la Ville, ne fournissaient plus qu'une eau contaminée (1). Le mal fut constaté au corps de garde, rue Entre-deux-Ponts, puis, quelque temps après, dans les rues Notre-Dame, de la Rochelle, Nêve, de la Banque, du Bourg et de St-Mihiel.

L'Administration municipale s'en émut et, le 4 Février 1865, le Maire, M. Millon, demandait et obtenait l'inscription au budget de 1865 d'un crédit destiné à payer les études d'un projet d'adduction d'eau d'une pureté reconnue.

---

(1) M. Bala attribue cette contamination aux arrêtés municipaux des 28 Avril 1847, 6 Avril et 4 Juillet 1854, prescrivant aux habitants d'établir des puits perdus, pour évacuer les eaux ménagères dans le gravier de la vallée, qui recouvre les argiles kimmeridgiennes.

En exécution de ce vote, M. Ch. Callon, Ingénieur civil à Paris, était chargé de dresser un avant-projet d'adduction et de distribution, dans les quartiers bas de la Ville, des eaux de la fontaine Parlemaille et des sources voisines de la rive droite (source du bief de l'usine de Marbot et source de l'Étoile). M. Guillemin, conducteur des Ponts et Chaussées à Bar-le-Duc, recevait, de son côté, mission d'étudier l'alimentation de la Ville-Haute, au moyen des eaux de la fontaine Bourrot, et du quartier de la rue de Véel par les eaux d'une source émergeant dans le jardin de M. Duval-Chaupin. Enfin, M. le Docteur Ossian Henry, de la Faculté de Paris, était prié, le 21 Avril 1865, d'analyser les eaux de ces diverses sources et celles des puits du Corps de garde d'Entre-deux-Ponts, de la place de la Couronne et de la maison Demoget (rue Nève).

M. Callon se mit immédiatement à l'œuvre et produisit, du mois de Juin au mois d'Octobre 1865, une série de rapports et de pièces, desquels il résultait que, pour amener et distribuer dans la Ville-Basse les eaux de la fontaine Parlemaille, il fallait recourir à des travaux importants, notamment à une machine élévatoire, que ces travaux devaient coûter au moins 200.000 francs, non compris les conduites de distribution dans la Ville et le réservoir destiné à emmagasiner la consommation journalière, enfin que le débit de la fontaine tombait en étiage à 5 litres 1/2 à la seconde, chiffre qu'on pourrait peut-être doubler par des travaux de captage bien dirigés, mais qu'en aucun cas on ne devait compter sur plus de 900 mètres cubes par jour, ressource à peine suffisante pour une population de 9.000 âmes.

De son côté, M. le Docteur Ossian Henry constatait dans un rapport, daté du 4 Juillet 1865, que les eaux de puits, de la source du bief de Marbot et de la source de l'Étoile étaient souillées par des infiltrations d'eaux ménagères et autres et qu'elles ne devaient pas être employées en boisson, car elles pouvaient « donner lieu à de graves accidents des voies digestives, diarrhées, dyssenteries, fièvres adynamiques, typhoïdes même ». Quant aux trois sources : Bounot, Duval-Chaupin et Parlemaille, elles lui paraissaient, au contraire, fournir une eau de bonne nature, quoique insuffisamment aérée ou contenant un gaz trop pauvre en oxygène.

Enfin, M. Guillemin produisait les 4 Septembre et 5 Novembre 1865 une étude, dont la conclusion était que, pour amener dans les quartiers élevés de la Ville-Haute les eaux de la fontaine Bourrot, dont le débit tombait en étiage à 0 l. 50 à la seconde, il fallait installer une petite machine élévatoire près du réservoir de la place de la Fontaine et faire une dépense approximative de 15.000 francs, et que la distribution, dans la rue de Véel et dans les rues voisines, de la source Duval, dont le débit d'étiage tombait à 0 l. 20 à la seconde, exigeait de la part de la Ville un sacrifice de 19.000 francs environ.

Les études qui viennent d'être résumées montraient, en somme, qu'on ne pouvait pas, en ayant recours aux sources dominant ou avoisinant la Ville, assurer une alimentation suffisamment large des divers quartiers et que, néanmoins, leur adduction et leur distribution devaient entraîner des dépenses élevées d'installation et de fonctionnement. Aussi, le Conseil municipal, après avoir pris l'avis d'une Commission composée de MM. François, Ingénieur en chef au Corps des Mines ; Amand Buvignier, Géologue ; Poincaré, Ingénieur des Ponts et Chaussées et St-Just Dru, Entrepreneur de sondages et consulté également M. Voisin, Ingénieur au Corps des Mines, décida-t-il, le 22 Décembre 1865, sur la proposition de M. Millon, de tenter de capter les eaux de profondeur, en faisant ouvrir un puits artésien au Rond-Point de la Rochelle.

Ce travail, qui fut exécuté par la maison Degousée et Laurent de Mars 1866 à Mars 1868, et poussé jusqu'à la profondeur de 350 mètres, coûta plus de 62.000 francs.

Le forage traversa le groupe des marnes kimméridgiennes et celui des calcaires à astartes et pénétra de quelques mètres dans la formation corallienne ; mais, à aucun niveau, on ne trouva d'eaux jaillissantes et la colonne liquide se maintint constamment à la hauteur des eaux de l'Ornain, quoiqu'on ait pris la précaution de tuber les 326 premiers mètres du sondage et qu'on ait essayé d'ouvrir les fissures existant dans les couches de calcaire traversées, en pompant l'eau contenue dans le tube. Le 27 Mars 1868, lorsque le chantier fut arrêté par ordre de M. H. Bompard, qui avait succédé à M. Millon, on constata que, de tous les capitaux dépensés et de tous les efforts faits par des savants aussi compétents que désintéressés, il ne restait qu'une étude, très intéressante au point de vue géologique, mais absolument sans résultat au point de vue spécial de l'alimentation en eau de la Ville.

Cet insuccès et les évènements de la guerre de 1870 amenèrent un arrêt dans l'étude de la question des eaux. Toutefois, le 18 Février 1874, elle était reprise, sur l'initiative de M. Bala, et le Conseil municipal constituait une Commission de 5 Membres chargée de rechercher la solution la plus avantageuse aux intérêts de la Ville.

La Commission se mit en rapport avec M. Holtz, Ingénieur civil hydroscope à Paris, qui lui conseilla de faire faire des sondages dans la vallée de Naives pour tâcher de capter les eaux du sous-sol en amont de la source de Parlemaille ou, à défaut, de recourir au filtrage en grand des eaux de l'Ornain (Rapport du 27 Mars 1874).

Les travaux de sondage conseillés par M. Holtz furent exécutés en Septembre et Octobre 1874 sous la direction de MM. Siegler, Ingénieur, et Guillemin, Conducteur des Ponts et Chaussées à Bar-le-Duc.

On ouvrit le long du cours du Naveton une série de puits qui permirent de dresser le profil géologique de la vallée entre un point situé en face de la borne $3^k,5$ de la route départementale n° 1 et la fontaine Parlemaille, sur une longueur approximative de $2^k,200^m$, et on constata que, sous des couches de terre végétale, de graviers, de pierraille et de sable, d'une épaisseur de 6^m à l'origine amont, de 4^m vers le milieu et de 9^m à l'aval, se trouvait un banc régulier de marne bleue compacte. Une tranchée transversale fut ouverte dans la prairie sur une longueur de 71^m en face de la borne $2^k,8$ de la route et on prit soin de la descendre jusqu'à la marne pour recueillir toutes les eaux filtrant à travers les graviers. Mais on constata que le volume de ces eaux était insignifiant (0ᴸ,6 à la seconde), sans doute parce que, loin de dessiner une cuvette sous le thalweg de la vallée, comme on l'avait espéré, la surface supérieure de la marne présentait vers l'Ouest une inclinaison de $0^m,012$ par mètre. On renonça, en conséquence, à l'idée d'utiliser les eaux souterraines de la vallée de Naives pour l'alimentation de la Ville-Basse.

Quelque temps après, le 15 Mai 1876, M. Garnier, Ingénieur des Arts et Manufactures à Saint-Dizier, remettait à M. Laguerre, alors Maire de Bar, un projet basé sur la seconde des indications de M. Holtz. Il prenait l'eau dans les graviers de l'Ornain, près de Savonnières, et prévoyait qu'elle serait refoulée au moyen d'une machine à vapeur jusqu'à un réservoir placé dans la côte Saint-Jean, pour l'alimentation de la Ville-Basse. Il réservait, en outre, la possibilité d'élever l'eau jusqu'au Pâquis de la Ville-Haute, au moyen d'une batterie de béliers hydrauliques greffée sur la conduite de refoulement et placée à un niveau suffisant pour que les eaux motrices puissent être renvoyées dans le réservoir de la Côte Saint-Jean et être ensuite distribuées dans la Ville-Basse. Dans ce système, la Ville-Basse devait recevoir 26ᴸ,40 à la seconde et la Ville-Haute 4ᴸ,71. Des expériences ultérieures devaient, d'ailleurs, permettre de déterminer avec détail le mode de captage des eaux, que l'auteur du projet supposait *a priori* devoir être saines et abondantes.

Ce projet paraît n'avoir été l'objet d'aucun examen immédiat de la part de la Municipalité, mais, au mois de Juin 1879, l'idée de capter les eaux dans les graviers de l'Ornain fut reprise et le Maire, M. Bradfer, fit ouvrir entre Bar-le-Duc et Longeville 5 fouilles placées au droit des dépressions de la colline. Près de celle qui en Septembre, Octobre et Novembre 1879 a donné la plus grande quantité d'eau on fit creuser dans le gravier, jusqu'au niveau de la marne sous-jacente, une tranchée de 16 mètres de longueur. Le débit d'eau obtenu par cette opération, et constaté par épuisement au moyen d'une pompe actionnée par une machine à vapeur, a donné un rendement de 6 à 7 litres à la seconde seulement, bien que la saison ait été humide, et il était certain que dans une année de sécheresse le débit d'eau eût été bien moindre. Au surplus, le puisage direct dans l'Ornain ou ses graviers était en général repoussé par les habitants de la Ville (Rapport de M. Bala au Conseil municipal. Séance du 13 Février 1880).

Enfin, après avoir constaté que les sources à l'amont de la Ville n'étaient pas assez abondantes, que notamment le débit de la source de Tannois à l'emplacement du lavoir communal, à 8^k de Bar-le-Duc, ne dépassait pas 16 litres à la seconde, que celui de la fontaine de Guerpont, à 9 kilomètres, s'élevait seulement à 8 ou 9 litres, que celui de la source située vis-à-vis de Longeville, à 4 kilomètres, n'était que de 3 litres, alors que le volume d'eau à distribuer en ville était évalué à 25 litres à la seconde au minimum, le Conseil municipal, dans une séance tenue le 6 Décembre 1879, autorisait l'Administration municipale à faire l'acquisition de la source Mourot à Fains, qui, d'après les jaugeages de M. Guillemin, donnait en années ordinaires un débit de 50 litres à l'étiage et en années très sèches un débit minimum de 40 litres, indépendamment de la source Géminel située tout à proximité, dont le débit (5 litres) devait être réservé pour l'alimentation de l'Asile d'aliénés de Fains. Cette acquisition fut définitivement sanctionnée par un décret du 30 Mars 1882, après une enquête d'utilité publique et après que les eaux eurent été analysées et trouvées bonnes par les laboratoires de l'École Nationale des Mines et de l'École Centrale des Arts et Manufactures.

Les travaux d'adduction furent entrepris aussitôt après avoir été autorisés et, le 14 Juillet 1883, la distribution était inaugurée solennellement dans le parc de l'Hôtel de Ville par le Maire, M. Bala. Quelques jours plus tard, elle était mise en service régulier et, depuis lors, tous les quartiers de la Ville ont été abondamment pourvus d'eau.

Bar-le-Duc, le 9 Août 1900.

L'Ingénieur en chef des Ponts et Chaussées,
CH. KUSS.

BASSIN DE

RELEVÉ *des diverses sources du bassin dont les eaux tombent*

N° d'ordre de la source	DÉSIGNATION de la SOURCE	COMMUNE où elle SE TROUVE	DÉSIGNATION du cours d'eau auquel elle donne naissance	DÉBIT DE LA SOURCE		ALTITUDE de la SOURCE
				Étiage	Ordin^{re}	
1	2	3	4	5	6	7

RIVE

1	Source Guérin....	Gondrecourt.	Ornain	2	4	294
2	Source de la Vierge.	Id.	Id.	4	3	293
3	Source de la Croix Munier.....	Id.	Id.	3	5	292
4	S^{ce} de Vaucheron.	Id.	Canal de Vaucheron	200	300	289
5	Source des Peux...	Abainville.	Ruisseau des Peux. (Ornain)	1	4	306
6	Source de Voinon.	Id.	Ornain.	5	10	286
7	Source des Noues.	Bonnet.	Ruisseau des Noues	2	8	320
8	Source du Cavet...	Id.	Ruisseau du Cavet.	2	8	320
9	Source des Indevilles.....	Id.	Id.	5	10	312
10	Source de l'Étang.	Id.	R^{eau} de Richecourt.	5	10	312
11	Source St-Firmin..	Id.	Ruis^{eau} St-Florentin.	2	3	330
12	Source St Florentin.	Bonnet.	Ruis^{eau} St-Florentin.	2	3	330
13	Source de Preuille.	Houdelaincourt.	Ruiss^{eau} de Preuille.	5	10	284
14	Les Fontenottes.	Bonnet.	(Ruis^u de la fontaine) de Bonnet.	2	4	331
15	Source du Vaux de Maix.....	Id.	Ruisseau de la Vaux de Maix.	1.50	3	355
16	Source de Selaincourt.....	Houdelaincourt.	R^{eau} de Selaincourt.	1	2	306

L'ORNAIN

dans l'Ornain entre Gondrecourt et Bar-le-Duc (Grand Pont Neuf).

RENSEIGNEMENTS SUR L'UTILISATION DE LA SOURCE			OBSERVATIONS
VOLUME UTILISÉ		NATURE DE L'EMPLOI	NOTA. — On négligera les sources débitant moins de un litre par seconde à l'étiage. Les sources seront numérotées de l'amont à l'aval en commençant par celle de rive gauche et en suivant par celle de rive droite.
Étiage	Ordin.re		
8	9	10	11
GAUCHE			
2	4	Alimentation d'un lavoir et d'un abreuvoir. — Bassin de puisage pour l'alimentation de Gondrecourt.	
		Pas d'utilisation.	
200	300	Alimentation de l'usine de Vaucheron.	Il n'est pas tenu compte d'une source qui existerait dans un étang situé à l'intérieur de la propriété de M. Salmon.
1	4	Irrigations.	Les eaux de la source des Peux disparaissent dans le sous-sol pour reparaître très probablement à la source de Voinon qui est au bas de la vallée.
5	10	Irrigations.	
		Pas d'utilisation.	Au dire des habitants de Bonnet, la qualité de ces eaux laisse à désirer (seule exception pour les sources mentionnées au présent relevé dans la subdivision de Gondrecourt).
		Id.	
		Id.	
2	2	Id.	
		Alimentation de Bonnet : Fontaine, abreuvoir, lavoir et aiguayoir.	
2	3	Alimentation d'un abreuvoir et d'un lavoir.	
5	10	Irrigations.	
2	4	Alimentation d'une fontaine et d'un lavoir à Bonnet.	
1 50	3	Alimentation des fontaines de Houdelaincourt.	Le débit total de ces deux sources est capté pour l'alimentation des fontaines de Houdelaincourt. Un trop plein n'existe qu'exceptionnellement. Pas d'écoulement dans les ruisseaux en Mars.
1	2	Id.	

— 46 —

N° d'ordre de la source	DÉSIGNATION de la SOURCE	COMMUNE où elle SE TROUVE	DÉSIGNATION du cours d'eau auquel elle donne naissance	DÉBIT DE LA SOURCE		ALTITUDE de la SOURCE
				Étiage	ordin^{re}	
1	2	3	4	5	6	7
17	Source de Petoucourt ou de Froide fontaine.....	Id.	Ruisseau de Froide Fontaine.	4	8	280
18	Font^{ne} aux Cribles.	Demange-aux-Eaux	affluent de l'Ornain	3	6	271
19	Font^{ne} St-Maurice.	Saint-Joire.	affluent de l'Ormançon.	2	4	261
20	Font^{ne} Jean Oury.	Id.	Id.	1	2	262
21	Fontaine Merteline.	Tréveray.	Affluent de l'Ornain	1	3	257
22	Fontaine du Lavoir.	Id.	Id.	15	25	254
23	Fontaine St-Jean..	Saint-Amand.	Id	10	15	249
24	Font^{ne} Haudrouée.	Saint-Amand.	Affluent de l'Ornain	1	2	249
25	Source de Nantois.	Nantois.	Ruis^{seau} de Nantois.	10	20	259
26	Source de Longeaux	Longeaux.	Ruisseau de Chivry	3.5	14	245
27	Groupe de Givrauval......	Givrauval.	Ruisseau le Rupt et de la Bauvoie.	3.5	6	240
28	Groupe de la Vieille Forge	Ligny.	Id.	5	15	225
29	Source des Annonciades.....	Id.	Ruisseau des Annonciades.	5	8	237
30	Sainte-Jeanne...	Id.	Id.	9	20	237
31	Vaudinval.....	Velaines.	Ruisseau de Vaudinval, 2/3 la Praye 1/3 le Brabant.	10	20	237

liage 8	Ordin.re 9	NATURE DE L'EMPLOI 10	OBSERVATIONS 11
		Pas d'utilisation.	
		Id.	Eau potable.
		Id.	Id.
		Id.	Id.
	2	Irrigation de prés, rive gauche de l'Ornain.	Id.
15	15	Alimentation, lavoir couvert et abreuvoir servant à une grande partie du village de Tréveray.	Eau potable et savonneuse à la sortie du lavoir.
10	10	Alimentation du village de Saint-Amand. — Lavoir et abreuvoir.	Eau potable.
1	2	Alimentation du village de Saint-Amand. Lavoir, abreuvoir.	Eau potable (Ramification de la source Saint-Jean).
10	20	Alimentation du village et du moulin de Nantois.	Toutes les sources réunies du vallon de Nantois peuvent donner à l'étiage un débit de 40 à 50 litres. Elles sont en grande partie utilisées pour l'irrigation.
35	14	Source située à la partie supérieure du village. — Captée par la commune de Longeaux pour l'alimentation du village; le trop plein dessert un lavoir public.	
		Pas d'utilisation.	
5	10	Une partie de ces eaux est utilisée pour l'irrigation de la prairie, rive droite de l'Ornain qu'elle traverse au moyen d'un tuyau en bois reposant sur les rives de l'Ornain.	
5	8	Irrigation et alimentation du lavoir public de la Ville de Ligny.	
9	15	Captée par la Ville de Ligny.	
9	9	Captée par la commune de Velaines. — Le débit de la conduite est de 9 litres.	

NOTA. — On négligera les sources débitant moins de un litre par seconde à l'étiage. Les sources seront numérotées de l'amont à l'aval en commençant par celle de rive gauche et en suivant par celle de rive droite.

N° d'ordre de la source 1	DÉSIGNATION de la SOURCE 2	COMMUNE où elle SE TROUVE 3	DÉSIGNATION du cours d'eau auquel elle donne naissance 4	DÉBIT DE LA SOURCE Étiage 5	DÉBIT DE LA SOURCE ordin^{re} 6	ALTIT^{de} de la SOU^{rce} 7
32	Groupe de Chessard { 1re / 2 et 3 (ensemble) / 3e }	Tronville.	Le Brabant.	2 / 5 / 2	2.5 / 12 / 5	21
33	Fontaine Bouchot.	Guerpont.	Ruisseau de la Fontaine Bouchot ou de Bohanne.	4.5	10	22
34	Fontaine du Village	Tannois.	Ruisseau le Rupt ou le Pré de Vaux.	3	30	20
35	Sou^{ce} Jardin Moine.	Tannois.	Ruisseau le Rupt ou le Pré de Vaux.	3	65	22
36	Fontaine Pissois. .	Id.	Ruisseau de la Fontaine Pissois	2.5	3	30
37	Source de Goulausard	Savonnières.	R^{eau} de la fontaine sous Goulausard.	1	10	27
38	Fontaine d'Etue. .	Id	Ruisseau de la fontaine d'Etue.	4.5	25	25

RIVE

39	Poron-Fontaine et sources environnantes	Gondrecourt.	Ornain.	30	150	29
40	Source Ecuron. . .	Id.	Id.	3	6	294
41	Font^{ne} Pichougeon, et sources avoisinantes	Id.	Ruisseau de Saucy.	2	4	293
42	Sou^{ce} de la Polaine.	Id.	Ruis^{au} de la Polaine.	1.50	3	291

— 49 —

RENSEIGNEMENTS SUR L'UTILISATION DE LA SOURCE			OBSERVATIONS
VOLUME UTILISÉ		NATURE DE L'EMPLOI	NOTA. — On négligera les sources débitant moins de un litre par seconde à l'étiage. Les sources seront numérotées de l'amont à l'aval en commençant par celle de rive gauche et en suivant par celle de rive droite.
Étiage	Ordin^{re}		
8	9	10	11
2	»	Captée par la commune de Tronville.	Le 8 Mars 1900, le débit de l'ensemble des sources (2 et 3) était de 18¹ et celui de la source principale (3ᵉ) de 6¹⁷.
»	»	Ces eaux ne sont pas utilisées, seule l'usine de Tronville emprunte au ruisseau l'eau nécessaire à ses machines.	
»	»		
		Pas d'utilisation.	Grossit le ruisseau de Brabant.
	10	Alimentation du lavoir.	
3	65	Alimentation du moulin de Tannois. — La commune a l'intention d'utiliser cette source pour l'alimentation du village.	
		Pas d'utilisation.	
		Id.	Se jette dans le canal dérivé de l'Ornain.
4.5	10	Alimentation du lavoir-abreuvoir. — Le trop plein sert à l'irrigation.	Id.

DROITE

		Pas d'utilisation.	Les sources de Poron-Fontaine sont celles qui donnent naissance à un écoulement dans l'Ornain par les grandes sécheresses. Le débit en Mars n'a pu être déterminé et est certainement très important.
3	6	Alimentation d'un lavoir. — Bassin de puisage pour l'alimentation de Gondrecourt.	
		Pas d'utilisation, autre que l'arrosage des jardins.	
		Pas d'utilisation.	

N° d'ordre de la source	DÉSIGNATION de la SOURCE	COMMUNE où elle SE TROUVE	DÉSIGNATION du cours d'eau auquel elle donne naissance	DÉBIT DE LA SOURCE Étiage	DÉBIT DE LA SOURCE ordin^{re}	ALTITUDE de la SOURCE
1	2	3	4	5	6	7
43	Font^{ne} Jean Mogin.	Abainville.	Ornain.	1	2	286
44	Font^{ne} de Delouze.	Delouze.	Ruisseau des Machaires.	4	8	335
45	Sou^{ce} de la Vogère.	Baudignécourt.	Ruisseau de Bainville ou de Riolpré.	1	2	305
46	Source du Jardinot.	Demange-aux-Eaux	Rui^{au} de Scheirval.	1	2	313
47	Sou^{ce} de Fontenoy.	Id.	Id.	1	2	315
48	Source de Laval.	Id.	Ruisseau de la Fontaine à Pierre.	2	4	290
49	Sou^{ce} de Houderou.	Tréveray.	Affluent de l'Ornain	3	6	284
50	Source des Vives Haies.	Id.	Id.	2	4	254
51	La Barboutoine.	Bovée.	La Barboure.	1	4	310
52	La Voie aux Chênes.	Id.	Affluent de la Barboure.	2	6	307
53	Sbignival.	Reffroy.	Id.	2.50	6	320
54	La Gravière.	Id.	Id.	5	15	303
55	Vaux de Reffroy.	Id.	Id.	3.5	30	310
56	Vivehaie	Id.	Id.	15	45	300
57	Du Moulin ou de Largentelle.	Méligny-le-Petit.	Affluent du ruisseau de Méligny.	1.25	8	307
58	Du Tonnerre	Vaux-la-Grande.	Ruisseau de la fontaine du Tonnerre	3	11	308

RENSEIGNEMENTS SUR L'UTILISATION DE LA SOURCE			OBSERVATIONS
VOLUME UTILISÉ		NATURE DE L'EMPLOI	NOTA. — On négligera les sources débitant moins de un litre par seconde à l'étiage. Les sources seront numérotées de l'amont à l'aval en commençant par celle de rive gauche et en suivant par celle de rive droite.
Étiage	Ordin^re		
8	9	10	11
		Id.	
4	8	Le débit total est utilisé par la Commune pour l'alimentation de 2 lavoirs, 3 fontaines-abreuvoirs et un aigayoir. Après utilisation, ces eaux forment le ruisseau des Machaires qui actionne le moulin de Delouze à la sortie du village.	
1	2	Alimentation du village de Baudignécourt.	Eau potable.
1	2	Alimentation du Canal de la Marne au Rhin, bief de partage de Mauvages.	Id.
1	2	Id.	Id.
2	4	Alimentation du village de Demange-aux-Eaux.	Id.
3	6	Alimentation du village de Tréveray.	Id.
2	2	Alimentation du bassin de pisciculture de Tréveray près de l'écluse N° 11.	Id.
1	1	Alimentation du village de Bovée et irrigations.	
2	6	Id.	
2.5	6	Irrigations.	
5	15	Pas d'utilisation directe, concourt à l'alimentation du village de Reffroy et irrigations.	
3.5	20	Id.	
»	»	Pas d'utilisation directe, mais contribue pour une large part à l'alimentation des moulins de Marson et de Boviolles, en été.	
1.25	8	Alimentation des fontaines de Méligny et irrigations.	
3	11	Irrigations.	

N° d'ordre de la source	DÉSIGNATION de la SOURCE	COMMUNE où elle SE TROUVE	DÉSIGNATION du cours d'eau auquel elle donne naissance	DÉBIT DE LA SOURCE		ALTITUDE de la SOURCE
				Étiage	ordin^{re}	
1	2	3	4	5	6	7
59	Le Wachet	Vaux-la-Grande	Ruisseau de Vaux	1.50	5	310
60	Du Paquis comml	Vaux-la-Petite	Ruisseau du Paquis	2.50	8	315
61	Le Cuvelot	Id	Affluent du ruisseau de Vaux	18	50	300
62	Armon	Boviolles	Id	5	14	285
63	Le Goulot	Id	Affluent de la Barboure	6	22	300
64	Sou^{ce} de Greuseval	Menaucourt	Id	2.5	9	230
65	Noitel	Oëy	Ruisseau le Noitel	1	4	275
66	Haroué	Morlaincourt	Affluent du Noitel	2.5	2.5	250
67	Chantereine	Id	R^{au} de Chantereine	3	30	250
68	Rimbréa	Id	Affluent du Noitel	1.5	12	245
69	Malfosse	Ligny	Affluent de l'Ornain	1.50	6	225
70	Milonval	Id	Ruisseau de Milonval	1.10	5	240
71	Vannéval	Id	Ruisseau de Vannéval	1	4	240
72	Reconcourt	Nançois-le-Grand	Ruisseau de Reconcourt	4	15	265
73	Saint-Epvre	Id	Affluent du ruisseau de Reconcourt	6	15	250
74	Bouleurs	Willeroncourt	Affluent du ruisseau de Malval	3	12	246

— 53 —

RENSEIGNEMENTS SUR L'UTILISATION DE LA SOURCE			OBSERVATIONS
VOLUME UTILISÉ		NATURE DE L'EMPLOI	Nota. — On négligera les sources débitant moins de un litre par seconde à l'étiage. Les sources seront numérotées de l'amont à l'aval en commençant par celle de rive gauche et en suivant par celle de rive droite.
Étiage 8	Ordin^{re} 9	10	11
1.50	5	Pour l'utilisation des habitants de Vaux-la-Grande : abreuvoir, lavoir, incendie, arrosage, etc.	
2.50	8	Cette source située dans la vallée dite de Gorginval a été captée pour les besoins des habitants de Vaux-la-Petite. Les fontaines communales absorbent toute l'eau disponible en été.	
18	30	Irrigations.	
5	10	Utilisée pour les besoins des habitants de Boviolles et irrigations.	
6	15	Alimente 7 fontaines publiques et 3 concessions particulières. Le surplus sert pour l'irrigation.	
2.50	9	Utilisée entièrement pour les besoins domestiques des habitants de Menaucourt.	
1	4	Alimentation des fontaines communales.	
2.5	2.5	Alimentation de la fromagerie de Morlaincourt.	
3	30	Id.	
		Pas d'utilisation.	
1.50	6	Irrigations.	
1.10	5	Alimentation du village de Ligny.	
1	4	Irrigations.	
4	10	Irrigations.	
6	15	Sert aux besoins domestiques des habitants de Nançois-le-Grand. Alimente en été le moulin de Nançois-le-Grand.	
		Pas d'utilisation.	

N° d'ordre de la source	DÉSIGNATION de la SOURCE	COMMUNE où elle SE TROUVE	DÉSIGNATION du cours d'eau auquel elle donne naissance	DÉBIT DE LA SOURCE		ALTITUDE de la SOURCE
				Étiage	Ordin.re	
1	2	3	4	5	6	7
75	Au Pré de Vaux..	Id.	Ruisseau du Pré de Vaux.	5	15	250
76	Font.ne aux Arbres.	Salmagne.	Ruisseau de Salmagne.	8	18	270
77	Fontaine de la Garenne.	Tronville.	Ruisseau du Fond de la Garenne.	1	20	265
78	Font.ne de Nandeuil.	Loisey.	Ruisseau de Culey.	15	30	295
79	Fontaines de Cano.	Géry et Loisey.	Ruisseau du Pré Chevalier.	8	15	292
80	Fontaine St-Pierre.	Géry.	Ruisseau de la fontaine St-Pierre.	2	20	300
81	Fontaine Ste-Geneviève.	Culey.	R.u de Ste-Geneviève.	8	20	295
82	Font.nes des Canaux.	Loisey.	Ruisseau de la Tournerie.	2	6	300
83	Fontaine du Puits Monsieur.	Id.	Ruisseau du Pré Chevalier.	15	25	274
84	Fontaine Ronval.	Id.	Ruisseau de la Fontaine Ronval.	1	10	275
85	Fontaine de la Charrière.	Resson.	Ruisseau de Resson	3	60	235
86	Fontaine de Popey.	Bar-le-Duc	Ruisseau de Popey.	4	10	190

RENSEIGNEMENTS SUR L'UTILISATION DE LA SOURCE			OBSERVATIONS
VOLUME UTILISÉ		NATURE DE L'EMPLOI	Nota. — On négligera les sources débitant moins de un litre par seconde à l'étiage. Les sources seront numérotées de l'amont à l'aval en commençant par celle de rive gauche et en suivant par celle de rive droite.
Étiage	Ordin^{re}		
8	9	10	11
		Pas d'utilisation.	
8	12	Alimentation du lavoir et irrigations.	
1	10	Irrigations.	Grossit le ruisseau de Salmagne.
15	30	Alimentation du moulin et irrigations.	
8	12	Irrigations.	Grossit le ruisseau de Culey.
2	10	Alimentation du lavoir-abreuvoir.	Id.
8	20	Alimentation d'un moulin et irrigations.	Id.
1	5	Irrigations.	Id.
15	20	Alimentation du village et irrigations.	
1	10	Irrigations.	
3	20	Alimentation du village et irrigations.	
4	10	Irrigations.	

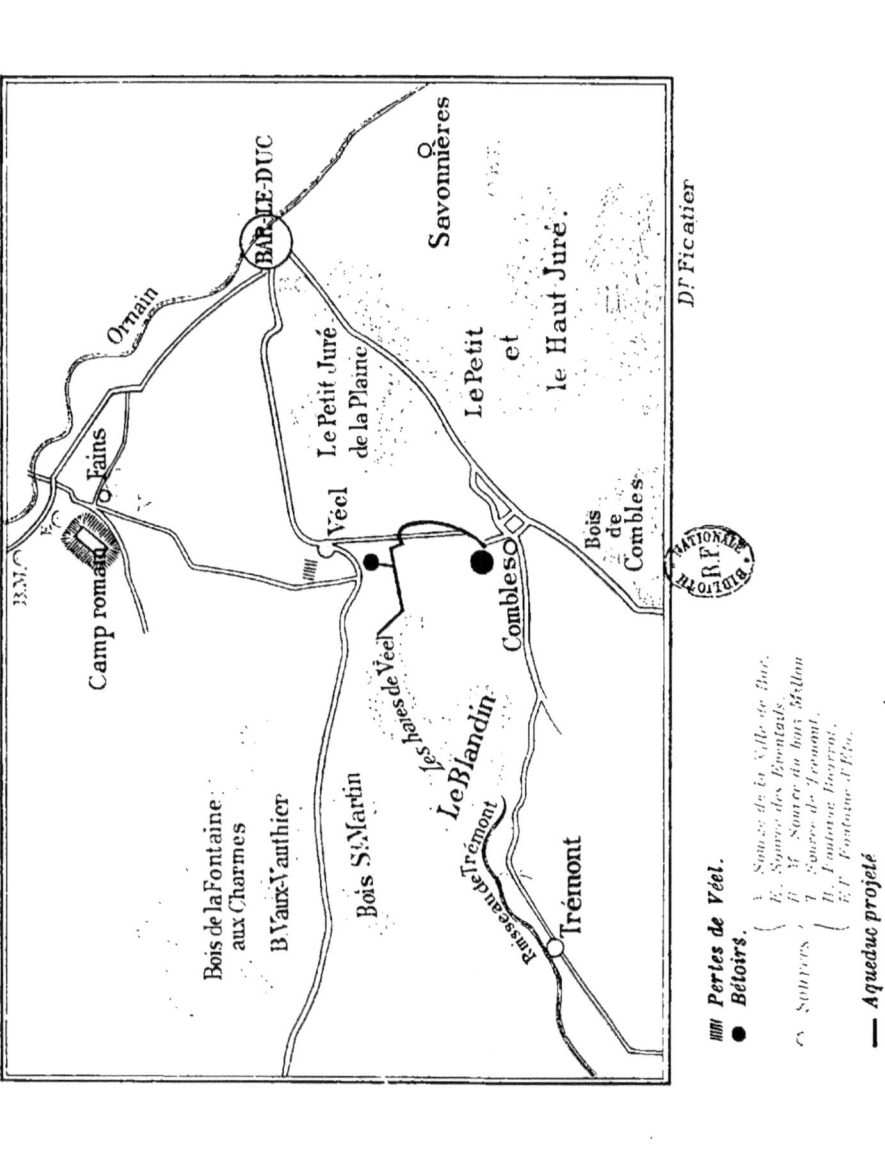

www.ingramcontent.com/pod-product-compliance
Lightning Source LLC
LaVergne TN
LVHW020045090426
835510LV00039B/1408